DÉFENSE

DE LA

POÉSIE ORIENTALE.

DÉFENSE

DE LA

POÉSIE ORIENTALE,

OU

RÉPLIQUE A UN PASSAGE

DE L'ARTICLE QUE M. SCHULZ, MEMBRE DE LA SOCIÉTÉ ASIATIQUE DE
FRANCE, A INSÉRÉ DANS LE 40ᵉ CAHIER DU JOURNAL ASIATIQUE ;

PAR

M. GRANGERET DE LAGRANGE,

MEMBRE DU CONSEIL DE LA MÊME SOCIÉTÉ.

« La poésie est plus sérieuse et plus
« utile que le vulgaire ne le croit. »

FÉNÉLON, *Lettre à l'Académie Française.*

PARIS,

IMPRIMERIE DE H. FOURNIER,

RUE DE SEINE, Nᵒ 14.

1826.

DÉFENSE

DE LA

POÉSIE ORIENTALE. (1)

O‍n a lu avec intérêt, sans doute, l'article sur le grand ouvrage historique et critique d'Ibn Khaldoun, que M. Schulz a inséré dans le quarantième cahier du journal Asiatique. Ce savant s'annonce sous les plus heureux auspices. Les connaissances étendues qu'il paraît avoir acquises dans plusieurs langues de l'Orient, le goût qu'il manifeste hautement pour les études graves et solides, le zèle ardent qui le transporte et qu'il cherche à communiquer, cet air de confiance et d'intrépidité avec lequel il prononce ses arrêts, tout nous fait espérer qu'il va consacrer ses veilles à l'étude des plus grands historiens et des plus grands philosophes orientaux; qu'il reculera les bornes de nos lumières, et qu'il fournira, suivant ses propres ex-

(1) Cette défense de la poésie orientale a été lue le 2 janvier 1826, dans la séance de la Société Asiatique. Je m'occupe en ce moment à donner le plus grand développement à quelques idées qui y sont renfermées.

Si quelques personnes pensent que j'ai composé cet écrit par une impulsion étrangère, elles sont dans l'erreur. L'opinion que j'émets est, pour le fond, celle que j'avais lorsque j'expliquais Phèdre et Cornelius Nepos. Je n'ai point de goût exclusif en littérature, par conséquent je ne suis d'aucun parti. S'il y a quelque chose de répréhensible dans mon écrit, qu'on me l'impute; et s'il y a quelque chose de louable, qu'on me l'attribue.

pressions, *la solution de ces questions importantes qui se rattachent à l'histoire de l'homme et de la nature.*

On ne saurait trop applaudir aux véritables savans qui, comme M. Schulz, se livrent avec un courage invincible aux travaux les plus pénibles et aux méditations les plus profondes pour obtenir des résultats si utiles à l'humanité.

S'il y a beaucoup à louer dans l'écrit de M. Schulz, tant à cause des espérances qu'il nous fait concevoir de ses talens, que parce qu'il a fermement résolu de ne rechercher que la vérité et de tout sacrifier à elle seule, il me semble qu'il y a aussi quelque chose à reprendre.

Avant d'en venir à Ibn Khaldoun, objet de son écrit, et dont il ne dit pas deux mots, M. Schulz se livre à des considérations profondes, si l'on veut, mais que je crois, moi, de la dernière faiblesse. Je désigne ici spécialement le passage de son avant-propos dans lequel il s'efforce d'aiguiser les traits de la satire contre quelques poètes arabes et persans, ou plutôt contre les personnes qui, par de louables et heureux efforts, ont fait passer dans diverses langues de l'Europe plusieurs de leurs compositions. J'ai relu attentivement ce passage, et je pense qu'il n'est autre chose qu'une digression faite à plaisir pour tourner en ridicule les éditeurs et les traducteurs de poésies orientales. *Telum imbelle sine ictu.* C'est ce que je vais essayer de prouver.

D'abord est-il aucun lecteur qui ne convienne que l'article de M. Schulz, portant pour titre, *Sur le grand ouvrage historique et critique d'Ibn Khaldoun*, ne dût rouler principalement sur Ibn Khaldoun, sur ses voyages, sur ses écrits, sur leur caractère, sur le degré de confiance et d'estime que nous devons leur accorder, enfin sur les moyens d'en donner une bonne édition? Au lieu de nous mettre en relation avec un écrivain aussi important que l'est Ibn Khaldoun, et de nous offrir un aperçu intéressant sur ses ouvrages, M. Schulz s'égare dans des raisonnemens qui ne tiennent pas essentiellement au sujet, plus curieux de faire briller son esprit aux dépens des éditeurs et traducteurs de poésies orientales, que de nous en-

tretenir de son auteur. Mais ce n'est point de cela qu'il s'agit
précisément : je cours vite au passage qui m'a mis la plume à
la main.

Après avoir cité les noms des Schultens, des Reiske, des
Jones et des Silvestre de Sacy, M. Schulz ajoute : « Ce que tant
» de siècles et tant d'esprits nous ont transmis de plus précieux
» sur l'histoire physique et morale d'une partie infiniment inté-
» ressante des habitans de l'Orient, était offert aux recherches
» et à la méditation des orientalistes. Le public s'attendait avec
» impatience à une ample récolte des connaissances les plus
» utiles et les plus variées. » Je réponds : Ce public impatient,
au dire de M. Schulz, sait sans doute que le nombre des personnes qui s'occupent sérieusement des langues orientales est
peu considérable ; que les travaux auxquels plusieurs d'entre
elles se livrent sont d'une exécution lente, pénible, à cause
des recherches et des soins qu'ils demandent, et des interrup-
tions qui surviennent quelquefois involontairement. Par conséquent ce public n'a pas dû s'attendre, depuis les travaux des
savans illustres que M. Schulz a nommés, à une moisson bien
abondante de faits, de découvertes, de connaissances utiles,
de la part même des savans dont l'esprit n'est porté que vers
les choses sérieuses.

M. Schulz poursuit : « Aurait-on rempli son attente par les
» poésies arabes et persanes qui ont été publiées ? » Je réponds
que l'attente du public a dû être remplie en partie par les poésies arabes et persanes qui ont été publiées. Elles ont contribué,
aussi-bien que toute autre chose, à faire connaître les mœurs,
le caractère, le génie et la tournure d'esprit des Arabes et des
Persans. Il importe plus qu'on ne pense à l'homme de lettres,
au philosophe, à l'observateur impartial de savoir quelle est
l'espèce d'intérêt que les Orientaux mettent dans leurs compositions poétiques, la manière dont ils s'expriment et dont ils
embellissent leurs pensées. L'histoire littéraire des peuples est
propre à exciter notre curiosité : qui en doute ? Ne faut-il donc
pas l'étudier aussi dans les poésies et dans les pièces d'éloquence
qu'ils nous ont laissées ! Eût-il été raisonnable de négliger

cette branche d'instruction par rapport aux Arabes et aux Persans ? — Mais la poésie, mais les pièces d'éloquence des Arabes et des Persans sont presque toutes hérissées de pointes et de jeux de mots ; notre goût, notre raison même les réprouvent. — Il ne s'agit point de cela, il s'agit de faire connaître le goût, l'esprit et la manière d'écrire des Arabes et des Persans. Les ouvrages d'imagination de ces peuples ont un caractère particulier, un goût de terroir qui ne sont pas à dédaigner. — Mais il suffisait d'offrir aux curieux un petit nombre de poésies pour arriver à ce but. — Point du tout : un très-petit nombre de poésies, comme on l'entend, n'eût pas suffisamment arrêté les idées des curieux à cet égard, qui, ne sachant pas à quoi s'en tenir, nous auraient dit avec raison : « Est-ce que les Arabes et les » Persans n'ont pas différens genres de poésies ? Voyez, faites » là-dessus de nouvelles recherches, montrez-nous encore » quelque chose. » Je pense donc que quelques savans dans les langues orientales ont très-bien fait d'imprimer des textes et des traductions de poésies : par là, le génie inventif des Arabes et des Persans nous est mieux connu ; par là, toutes les richesses et toutes les ressources des deux plus belles langues de l'Asie nous sont dévoilées ; par là, les études sont devenues plus fortes, et ceux qui ont étudié ces poésies et ces pièces d'éloquence sont plus en état de publier des textes et des traductions d'historiens. Mais, me dira-t-on, le goût que quelques savans prennent pour la poésie et l'éloquence verbeuse des Orientaux, les empêche de porter leur attention sur des objets plus graves et plus utiles. Je rappellerai pour toute réponse l'exemple de Schultens, de Reiske, de Jones, de Pococke, que leurs travaux sur la poésie orientale n'ont point distraits de l'étude des historiens et des philosophes. Je citerai M. de Hammer, qui allie si bien la connaissance de la poésie orientale à celle des matières les plus sérieuses et les plus importantes. Je citerai MM. Kosegarten et Freytag, qui marchent sur les traces de ces savans. Enfin, je nommerai le savant illustre qui préside la société asiatique de France, M. le baron S. de Sacy, notre conseil et notre guide, qui sait faire marcher en même temps, et avec un succès égal, l'étude des poëtes orientaux et celle des grammairiens, des théologiens, des philosophes et des historiens. J'en reviens au public dont parle M. Schulz, et je prétends, s'il est équitable, que son attente a dû être remplie en partie par les poésies arabes et persanes qui ont été publiées. Je viens d'en donner les raisons. Ce public doit savoir en outre que les textes et traductions de poésies orientales sont accompagnés pour la plupart, ou de commentaires précieux qui expliquent les difficultés de langue, les expressions figurées et proverbiales, ou de notes qui contiennent des faits historiques, des anecdotes curieuses, des détails intéressans sur les mœurs et les usages des Orientaux. Ces sortes de livres ont donc un double intérêt, une double utilité.

M. Schulz continue : « En vérité, à voir la foule d'éditions, » de traductions et d'explications de ces poésies, il serait bien » difficile de ne pas demander si chez les Arabes et chez les Per- » sans, la littérature ne se compose en effet que de moallacats » et de ghazels. » M. Schulz parle d'abord d'une foule d'éditions, de traductions et d'explications de poésies arabes et persanes. Il semble, à l'entendre, que le public en soit inondé. Je vois, il est vrai, quelques éditions, traductions, explications publiées de loin à loin ; mais je n'en vois pas une foule. Pour donner plus de poids à sa censure et rendre son attaque plus légitime, M. Schulz s'est permis ici une exagération. M. Schulz ensuite s'exprime d'une manière ambiguë et qui ferait croire, si l'on n'avait pas sous les yeux des exemples du contraire, que les savans dans les langues orientales n'ont mis au jour jusqu'ici que des ghazels du poète Hâfiz, que des poëmes de Moténabby, et que des éditions de moallacats. Tout-à-l'heure il nous citait les travaux immortels des Schultens, des Reiske, des Jones et des S. de Sacy, il aurait pu citer encore d'autres noms illustres, et maintenant il veut que son public demande si la littérature des Arabes et des Persans ne se compose que de moallacats et de ghazels ; et ce public sait cependant que des ouvrages d'une toute autre nature ont été mis au jour concurremment avec des poésies arabes et persanes. « Ou bien, poursuit M. Schulz, si

» l'éclat de la poésie orientale a tellement ébloui la vue de ses ad-
» mirateurs en Europe, qu'un morceau de Hâfiz ou un vers de
» Moténabby dût leur paraître infiniment plus précieux que la
» simple prose de tel philosophe ou historien arabe et persan. »
Voilà un raisonnement qui, ce me semble, manque de justesse.
Quoi! parce que des savans dans les langues orientales, desirant
se faire connaître par un travail de peu d'étendue, ou pensant avec
raison qu'il ne faut rien négliger de ce qui peut être utile, ont
publié et traduit quelques poésies arabes et persanes, faut-il
conclure de là qu'ils trouvent ces poésies plus précieuses que la
prose instructive d'un historien ou d'un philosophe? L'ont-ils
jamais dit dans leurs préfaces, dans leurs notes? Ils ne l'ont
jamais pensé. Si un homme de lettres traduit un passage d'Homère, une ode de Pindare ou d'Anacréon, s'ensuit-il que ce
passage d'Homère, cette ode de Pindare ou d'Anacréon soient
plus précieux à ses yeux que la prose instructive d'Hérodote et
de Platon?

M. Schulz continue : « Cette tendance presque générale, non
» pas précisément vers les poésies orientales, mais vers leur
» embellissement, ou, ce qui est la même chose, vers leur tra-
» vestissement à l'européenne, il faut la regarder comme très-
» nuisible à l'intérêt des lettres orientales, et comme une des
» causes qui leur ont fait le plus de tort dans l'opinion d'un
» public impartial et judicieux. » A cela je réponds : Ou ce
public sait les langues arabe et persane, ou il les ignore. S'il
les ignore, pourquoi alors se plaint-il d'embellissement et de
travestissement de poésies orientales? Si au contraire il les sait
(en ce cas il n'est pas bien nombreux), je le supplie de com-
parer mieux qu'il n'a fait jusqu'ici les traductions de poésies
orientales avec les textes, les traductions mêmes que je n'ai
pas citées et qu'il a peut-être plus particulièrement en vue;
qu'il les examine de nouveau, qu'il les juge, et surtout qu'il
imprime son sentiment; je me charge volontiers de lui répondre.

Comme M. Schulz a pris à tâche de dénigrer les traductions
de poésies orientales, il prétend qu'elles embellissent ou tra-

vestissent les originaux. Que M. Schulz veuille bien y faire attention, et il verra que le plus grand nombre des traductions arabes et persanes publiées par Schultens, Pococke, Reiske, MM. S. de Sacy, Freytag et autres orientalistes, tant français qu'étrangers, ne sont ni des embellissemens ni des travestissemens. Tous ces savans se sont appliqués, comme ils le devaient, à rendre leur texte le plus fidèlement possible, sans se permettre ni additions ni suppressions notables. Les versions latines sont toutes littérales. Celles qui sont écrites en français le sont également. Je citerai, pour exemple, les morceaux de poésies arabes que M. S. de Sacy a fait entrer dans sa Chrestomathie; la Moallacat de Lébid, le livre des Conseils de Férid-Eddin Attar, les Odes de Hâfiz et de Sâdy, publiées et traduites par le même savant. Je citerai l'Anthologie arabe de M. de Humbert, les Oiseaux et les Fleurs de M. Garcin de Tassy. Qu'il me soit permis de citer aussi les traductions de quelques morceaux de Moténabby, d'Omar Ibn Faredh, de Djâmy et autres que j'ai insérées dans le journal Asiatique, et dans lesquelles je me suis asservi à une telle exactitude, que j'ai suivi l'ordre même des mots de l'original, toutes les fois que cette méthode n'a point nui à la clarté et à l'énergie du langage. Toutes ces traductions se font remarquer en général par une fidélité scrupuleuse. Ajouter quelquefois une épithète, substituer quelquefois un mouvement à un autre, adoucir quelquefois une image, une comparaison qui blesse notre goût, consulter enfin le génie de la langue dans laquelle on traduit, cela ne s'appelle point embellir ni travestir. Et puisque *travestir une pensée* signifie aussi en français la *représenter sous une forme différente*, M. Schulz lui-même peut-il répondre de ne jamais travestir la pensée d'un historien ou d'un philosophe arabe ?

Ainsi donc, bien loin de convenir avec M. Schulz que les éditions et traductions de poésies arabes et persanes que nous possédons, aient fait du tort à la littérature orientale, je soutiens qu'elles en ont au contraire propagé le goût et la connaissance, parce que les traits saillans et pleins d'originalité dont ces poésies sont remplies, ont excité la curiosité de beaucoup de lecteurs et en ont engagé plusieurs à étudier les langues dans lesquelles elles sont composées (1).

M. Schulz. « Il est vrai, on a vanté assez souvent à ce public » les fleurs cueillies dans les jardins embaumés de la Perse, » dérobées même aux sables brûlans de l'Arabie. » Oui; mais le plus souvent avec discernement, avec goût et avec mesure.

M. Schulz. « Les savans qui se sont fait un devoir de trans- » porter en Europe ces flexibles hyacinthes et ces roses que le » zéphyr entr'ouvre, ont dû leur trouver encore, après cette trans- » plantation, la fraîcheur et les grâces qu'elles ont précisément » perdues aux yeux de beaucoup de gens qui les avaient vues » avant qu'on ne les eût arrachées au sol de leur patrie. » Je réponds : Les savans qui se sont fait un devoir de transporter en Europe ces flexibles hyacinthes et ces roses que le zéphyr entr'ouvre, n'ont jamais dit, n'ont jamais pensé que leur trans- plantation eût conservé à ces fleurs la fraîcheur et l'éclat qu'elles ont dans leur sol natal. Après cela, je doute fort que, parmi les Européens auxquels l'odeur de ces hyacinthes et de ces roses que le zéphyr entr'ouvre donne des nausées, il y en ait beau-

(1) Il est indubitable que c'est la haute poésie, la prose éloquente et les ouvrages qui peignent les mœurs qui ont le plus contribué à propager le goût et la connaissance des plus belles langues du monde. Le style hardi et figuré de la Bible, les touchantes peintures et les beautés sublimes dont elle est remplie, ont excité beaucoup de per- sonnes à étudier la langue hébraïque. Où en serait la littérature grecque et latine sans les grands poètes, les grands orateurs et les historiens éloquens auxquels elle doit tout son éclat ? Si les langues italienne et française sont cultivées dans toute l'Europe, à qui doivent-elles cet honneur, si ce n'est à ces génies merveilleux qui se sont attirés l'admiration de tous les hommes. Nul doute que Galland n'ait rendu un service émi- nent à la littérature orientale, par sa traduction des Mille et une Nuits. La traduc- tion du beau drame indien de Sacontala, que Jones a publiée, a inspiré à quelques per- sonnes le desir d'étudier la langue Samskrite. L'anglais n'a commencé à être cultivé en France qu'à l'époque où Dupré de Saint-Maur et Louis Racine firent connaître le Paradis perdu de Milton, et Le Tourneur, les Nuits d'Young, Ossian et Shakespeare. L'étude de l'allemand ne date guère que du moment où Huber donna sa traduction des œuvres de Gessner. Que de gens étudient l'espagnol pour lire Don Quichotte, et le portugais pour lire Camoëns ! Les peuples qui manquent de poètes, d'orateurs et d'historiens éloquens, n'ont point de littérature, et ils ne sauraient jeter un aussi vif éclat dans la postérité que ceux qui en ont vu naître dans leur sein.

coup, comme le dit M. Schulz, qui les aient vues avant que quelques mains habiles les eussent transplantées. Parlons sans figure. Où sont les savans, détracteurs de la poésie orientale, qui, avant l'apparition des traductions de divers poëmes arabes et persans, aient lu, comme le prétend M. Schulz, ces poëmes dans les langues originales ? Peuvent-ils bien dire aux éditeurs et traducteurs : « Messieurs, il y a long-temps que nous avons »lu, étudié, médité les poètes que vous croyez nous faire con- »naître. Vos peines sont inutiles, vos soins sont superflus; » nous vous déclarons hautement, et c'est après un mûr examen »au moins que nous vous tenons ce langage, que vos versions »ne conservent rien, absolument rien de la grace et de l'éner- »gie de vos modèles. » Je le répète : où sont les savans, détrac- teurs des poètes arabes et persans, qui puissent de bonne foi s'exprimer de la sorte ?

M. Schulz. « J'aime d'autant mieux supposer une telle illu- »sion poétique à nos philologues poètes, qu'il me serait im- »possible de m'expliquer sans elle leur inépuisable patience »envers un public incorrigible, qui, de jour en jour, se »montre plus difficile à approuver ce que, depuis trois siècles, »d'élégans traducteurs ne se sont point lassés de lui recom- »mander comme la source des jouissances les plus pures et les »plus délicates. » Je réponds : Les traducteurs de poésies arabes et persanes ne se font point d'illusion sur leur travail; ils don- nent leurs traductions pour des traductions. Quelques-uns, il est vrai, ont cherché et ont réussi à conserver une partie des grâces et de l'énergie de leur original; mais ils n'ont jamais prétendu le reproduire entièrement. M. Schulz appelle les tra- ducteurs de poésies orientales *philologues poètes*. Je réponds qu'ils ne sont pas poètes dans le sens rigoureux du mot, ils sont philologues; de plus, ils aiment la poésie, ils ont du goût, voilà leur tort. *D'élégans traducteurs*, dit M. Schulz. Cette expression est une froide raillerie qui ne veut rien dire. Quelques traducteurs n'ont songé uniquement qu'à rendre le sens de leur original; d'autres, comme je l'ai dit tout à l'heure, ont cherché et ont réussi quelquefois à joindre la pureté, l'élé-

gance et la force du langage à un respect religieux pour leur
texte. Eh bien, quel mal y a-t-il à cela ? Serait-on ridicule
pour travailler à rendre en bons termes quelques-unes des productions de poètes orientaux ? Ce qui est digne d'éloges devien-
dra-t-il l'objet de la raillerie ? Ne serons-nous savans qu'à
condition de renoncer au bon goût, de fuir les grâces de l'élo-
cution, et de ravaler tout ce qui fait les plaisirs de l'esprit et
de l'imagination (1) ? *Depuis trois siècles.* Qui sont donc
ceux qui traduisaient avec élégance et embellissaient des poésies arabes et persanes il y a deux ou trois cents ans ? Je prie
M. Schulz de me les nommer ; je ne les connais pas.

M. Schulz nous parle d'un public incorrigible qui, de jour
en jour, devient plus difficile à approuver les compositions
poétiques des Orientaux. Pour moi, je connais des gens très-
instruits et très-éclairés qui sont plus modérés à cet égard, et
qui ne verraient pas avec déplaisir que le journal Asiatique
offrît souvent à ses lecteurs des morceaux poétiques du genre
de ceux qu'il renferme.

M. Schulz prétend que d'élégans traducteurs ne se sont
point lassés, depuis trois siècles, de recommander au public
la poésie arabe et persane comme la source des jouissances les
plus pures et les plus délicates. Je sais bien que quelques savans
ont dit, Schultens et Jones entre autres (M. Schulz ne peut les
récuser, il a cité leurs ouvrages immortels), que la poésie
arabe et persane a de grandes beautés, et ils ont eu raison ;
mais je ne sache pas qu'aucun d'eux ait positivement recom-
mandé au public la poésie des Arabes et des Persans comme
la source des jouissances les plus pures et les plus délicates.
Au reste, s'il s'est trouvé des éditeurs ou traducteurs de poésies
orientales qui, dans un moment d'enthousiasme, aient écrit
ce que M. Schulz vient de dire, ils ne sont pas plus blâmables

---

(1) Rien, ce me semble, n'est plus propre à former le goût et à perfectionner le
langage que de traduire des productions de poètes étrangers. Il serait à désirer que les
savans qui étudient les poètes orientaux les traduisissent toujours dans les langues
modernes ; ils enrichiraient infailliblement celles-ci d'images brillantes, de tours
vifs et hardis, et d'expressions fortes et pittoresques.

assurément que ces savans qui, passant leur vie à fouiller dans les ténèbres de l'antiquité, pensent qu'une découverte qu'ils ont faite doit intéresser la société entière. Sachons qu'on ne fait rien de bien sans un peu d'enthousiasme.

M. Schulz. « Mais, après tout, qu'il me soit permis de de-»mander si c'est dans quelques compositions fantastiques, que »l'on saurait trouver des données positives propres à fournir la »solution d'une seule de tant de questions importantes, qui se »rattachent à l'histoire de l'homme et de la nature. »

Voilà certes une demande tout-à-fait extraordinaire. D'abord appeler les moallacats, les poëmes de Moténabby, ceux de Hâfiz et autres, des compositions fantastiques ou des conceptions chimériques, sans aucun adoucissement, sans faire de distinctions, sans baser sur rien son opinion, c'est prouver évidemment ou qu'on ne les a pas lus ou qu'on n'entend rien à la poésie. Non, ces poëmes ne sont pas des compositions plus chimériques, plus fantastiques ni plus bizarres que Faust et Goetz de Berlichingen, dont toute l'Allemagne ne parle qu'avec admiration. Ensuite il n'est pas bien raisonnable, ce me semble, de témoigner de l'humeur aux poètes arabes et persans, parce que leurs livres ne donnent pas *la solution de ces questions importantes qui se rattachent à l'histoire de l'homme et de la nature.* Le but principal des poètes, tant asiatiques qu'européens, étant d'agir avec force sur deux facultés très-énergiques dans la plupart des hommes, l'esprit et l'imagination, ce n'est pas chez les poètes assurément qu'il faut aller chercher la solution de semblables questions, quoique le plus grand nombre d'entre eux ait su aussi bien que tous les philosophes et tous les historiens à quoi s'en tenir sur ces hautes matières.

Mais parce que les poètes ne nous donnent pas des solutions qu'ils ne doivent pas nous donner, faut-il les négliger, les dédaigner? Dédaignerons-nous Horace parce qu'il ne nous instruit pas à fond de l'ame d'Auguste et du génie du peuple romain? Dédaignerons-nous le Tasse parce qu'il ne nous fait pas connaître à fond dans sa Jérusalem l'histoire des croisades? Racine, parce qu'il ne nous dit rien de Louis XIV ni de sa cour?

Venons maintenant aux traducteurs. Quoi! s'il a plu à quelques savans, et là-dessus on n'a aucun reproche fondé à leur faire, de porter leurs regards sur la poésie des Arabes et des Persans, ont-ils prétendu par là offrir la solution des questions importantes que M. Schulz demande? Leur but principal n'a-t-il pas été de faire connaître à fond la langue de ces peuples, leur puissance imaginative dans les ouvrages d'esprit, et de remonter, pour nous instruire, aux faits et aux usages auxquels les poètes orientaux font souvent allusion? Les éditeurs et traducteurs des historiens grecs et latins ont-ils jamais fait des reproches de cette nature aux éditeurs et traducteurs des poètes grecs et latins? Leur ont-ils jamais fait de semblables chicanes? Autorisés sans doute autant que M. Schulz à demander des études graves et solides sur l'Orient, les Golius, les Erpenius, les Schultens, les Pococke, les Reiske, les Jones, les de Hammer, les Wilken, les S. de Sacy, ont-ils jamais manifesté dans leurs savans ouvrages du mépris pour des ouvrages moins sérieux et moins utiles que les leurs? Ne croirait-on pas en outre, au ton du passage de M. Schulz, que je combats, qu'aucun savant dans les langues orientales n'a songé ni aux historiens ni aux philosophes? Je n'ai pas besoin de lui rappeler encore les textes et les traductions d'historiens et de philosophes, toutes les notices, toutes les dissertations, tous les mémoires relatifs à l'Orient, que plusieurs savans ont mis au jour à diverses époques. Pourquoi donc dans son écrit a-t-il eu soin d'écarter ces ouvrages remarquables? Pourquoi a-t-il fait ressortir les éditions et traductions de poésies orientales? Pourquoi en a-t-il exagéré le nombre? Pourquoi nous montre-t-il un public sévère, fâché, qui se plaint incessamment de ne voir autour de lui qu'un amas de vers arabes et persans?

M. Schulz. « Si dans le nombre des savans qui ont cultivé »les lettres de l'ancienne Rome il ne s'était trouvé, par mal-»heur, que des amateurs extravagans des fleurs dérobées aux »jardins d'Horace ou de Catulle, ce ne seraient assurément pas »les grandes actions et les talens des César et des Cicéron, ce

» seraient plutôt la taille élégante et la langueur voluptueuse
» des Lydies et des Lesbies, que nous retracerait aujourd'hui la
» littérature romaine confiée aux mains de tels interprètes. Il en
» est de même pour les Arabes. Pour mettre le public tout-
» à-fait en état d'apprécier leur génie immortel, pour faire
» connaître à fond l'esprit de ce peuple, vainqueur du monde
» et conservateur des sciences, il aurait fallu, je crois, que l'on
» fît autre chose que de répéter sans cesse les rimes de ses
» moallacats et les exagérations de ses Moténabby. »

M. Schulz persiste toujours à parler d'une manière ambiguë
qui pourrait faire douter aux lecteurs qui ne seraient pas au
courant de l'état où se trouve la littérature orientale en Europe, si nous avons véritablement autre chose que des poésies
arabes et persanes. Mais de même qu'il s'est trouvé des savans
dans la langue latine, qui ont traduit et interprété les historiens
latins, il s'est aussi rencontré par bonheur des savans dans
les langues orientales, qui ont traduit et commenté en entier
ou en partie, ou fait connaître par d'excellentes notices plusieurs historiens arabes et persans : M. Schulz ne l'ignore pas.
Encore un coup, que lui ont donc fait les éditeurs et traducteurs de poésies orientales ? Ne leur en voudrait-il pas parce
qu'ils trouvent des lecteurs ? Que vont-ils devenir, cependant,
après le terrible arrêt prononcé par M. Schulz ? Oseront-ils se
montrer encore ? En vérité, ils sont bien malheureux et bien
à plaindre. Mais qu'ils se consolent. Ils ont trouvé des compa-
gnons d'infortune. Voici le tour des traducteurs de Catulle et
d'Horace, et ces poètes sont mis par M. Schulz sur la même
ligne que les auteurs des moallacats, que Moténabby, et Hâfiz.
*Des amateurs extravagans des fleurs de Catulle et d'Ho-
race ! La littérature romaine confiée aux mains de tels
interprètes !* Ah ! si les traducteurs de Catulle et d'Horace sont
traités de la sorte par M. Schulz, quel rang les traducteurs des
moallacats, de Moténabby et de Hâfiz occupent-ils donc dans
sa pensée ? Je demeure étonné. Eh quoi ! étaient-ils des amateurs extravagans de Catulle, Cicéron et César qui estimèrent
ses talens et lui accordèrent leur amitié ? Était-il un amateur

extravagant de Catulle, Virgile, qui lui emprunta des mouve-
mens et des expressions? Était-il un amateur extravagant de
Catulle, Ovide, qui oppose ses vers à la majesté de ceux de
Virgile? Était-il un amateur extravagant de Catulle, Martial,
qui dit au quatorzième livre de ses épigrammes :

> *Tantùm magna suo debet Verona Catullo*
> *Quantùm parva suo Mantua Virgilio.*

Était-il un amateur extravagant de Catulle, ce divin Arioste
qui, dans son sublime Roland, l'un des prodiges de l'esprit hu-
main, se plut à l'imiter et à le traduire? Était-il un amateur
extravagant de Catulle, Racine, qui récitait souvent avec enthousiasme les plus beaux passages de ce poëte? Je passe à
Horace. Était-il un amateur extravagant des fleurs d'Horace,
ce judicieux Quintilien qui, au chap. 1 du livre X de ses Insti-
tutions oratoires, s'exprime en ces termes : *Multò est tersior
Lucilio, et ad notandos hominum mores præcipuus.* Et quelques lignes plus bas : *At lyricorum latinorum idem Horatius
ferè solus legi dignus. Nam et insurgit aliquando, et plenus
est jucunditatis et gratiæ, et variis figuris et verbis felicissimè
audax.* Était-il un amateur extravagant d'Horace, ce sage Des-
préaux, qui, formé à l'école du poëte latin, *pressa la sentence
aux pieds nombreux de la poésie*, et apprit aux Français, à
tous les peuples de l'Europe, à mettre de l'ordre et de la raison
dans leurs écrits? Était-il un amateur extravagant d'Horace, le
lyrique Rousseau, qui se régla constamment sur ce parfait
modèle? Ah! si de tels hommes, devant qui il faut s'humilier,
ont admiré Catulle et Horace, nous convient-il, à nous qui
sommes inconnus, d'essayer de les faire tomber du haut rang
qu'ils ont tenu et tiennent encore dans l'opinion des gens les
plus éclairés, en parlant avec si peu de réserve des savans la-
borieux qui ont bien voulu nous en faciliter l'intelligence? Ap-
prenons à respecter nos maîtres, et craignons, en cherchant à
obscurcir l'éclat qui les environne, de ne recueillir que la risée
et la honte. Quelques efforts que nous fassions, ils auront toujours de quoi nous désespérer.

*Il en est de même pour les Arabes. Pour mettre le public
en état d'apprécier leur génie immortel, etc....* Nous ne man-
quons pas d'excellens ouvrages qui font connaître l'esprit et le
génie du peuple arabe, *vainqueur du monde et conservateur
des sciences.* Je ferai remarquer à M. Schulz que les Arabes
ayant été de tout temps idolâtres de la poésie, il ne fallait pas
uniquement nous entretenir du bruit de leurs conquêtes, mais
il fallait encore mettre sous nos yeux plusieurs de leurs poètes
et de leurs orateurs, afin de nous faire connaître dans toute
leur étendue l'esprit et le génie de ce peuple et sa langue, la
plus riche et la plus énergique de toute l'Asie ; sans cela nous
n'aurions qu'une idée très-imparfaite de l'histoire littéraire des
Arabes. M. Schulz dit avec dédain *les rimes des moallacats.*
A l'entendre, on les a répétées sans cesse. On les a imprimées
plusieurs fois, il est vrai, et c'est avec raison. Cependant je
ne les vois pas encore rassemblées en un volume avec une traduction et un bon commentaire. On sait de quel prix les sept
moallacats sont aux yeux des Arabes. Des poëmes qui font époque dans la littérature d'un peuple, qui sont placés par ce
peuple au rang de ses chefs-d'œuvre, et qui font autorité
pour le langage, doivent nécessairement fixer l'attention des
hommes éclairés. Quelques savans donc ayant compris que l'é-
tude des sept moallacats pouvait donner lieu à des observations
neuves et utiles sur la langue arabe, et de plus fournir des
particularités intéressantes sur l'histoire, les mœurs, la vie
privée des Arabes, je conclus qu'ils ont fait très-sagement de les
publier, de les traduire, de les commenter. Pour ce qui regarde
Moténabby, je renvoie M. Schulz aux observations que j'ai
faites sur ce poète et sur la poésie arabe en général (1). J'ajoute-
rai que ses vers ou ses rimes ne sont pas sans utilité pour une
partie de l'histoire orientale, et que ses exagérations n'ont rien
qui doive nous surprendre, lorsqu'on en trouve sinon de pa-
reilles, du moins d'équivalentes, dans les poètes européens
estimés les plus sages, et souvent même de telles qui, tra-

____

(1) *Journal Asiatique,* nos 6 et 16.

duites fidèlement en arabe ou en persan, feraient reculer d'é-
pouvante, j'en suis sûr, les peuples qui parlent ces langues.
Un jour, je l'espère, je développerai plus au long ma pensée
sur cet objet. Ensuite les exagérations de Moténabby ne sont pas
tellement multipliées, toutes ne sont pas tellement ridicules
qu'elles étouffent les beautés réelles que son livre renferme. Si
parmi les savans qui l'étudient et l'entendent, il en est quelques-
uns qui l'élèvent jusqu'aux astres, et l'admirent au point qu'ils
ne lui trouvent aucun défaut, ils manquent assurément de goût et
n'usent pas de leurs lumières. Mais il ne faut pas non plus que
ceux qui ne l'aiment pas ou ne l'entendent pas, s'obstinent à
ne voir chez lui que des exagérations, et se plaisent à ravaler son
mérite. Pour acquérir le droit de juger Moténabby, les auteurs
des moallacats, Hâfiz et autres poètes arabes et persans, il faut
d'abord travailler à bien les entendre, puis faire la part des
lieux, des temps, des mœurs, et après tout cela être encore
très-circonspect et très-modéré dans ses censures; car il faut se
souvenir que les Arabes et les Persans, peuples très-spirituels,
sans doute, sont aussi fiers des auteurs des moallacats, de Moténabby, de Hâfiz et autres poètes, que d'Ibn Khaldoun et de
Masoudy, de Mirkond et de Raschid Eddin.

Convaincu que la poésie arabe et persane présente des beautés
remarquables et vraiment propres à satisfaire l'homme de goût;
que l'étude en est aussi indispensable à quiconque veut acquérir
une connaissance solide des deux plus belles langues de l'Asie,
que l'est l'étude des poètes grecs et latins à ceux qui veulent
posséder les langues grecque et latine, et que de plus elle n'est
pas sans utilité pour le savant qui se pique de connaître à fond
les mœurs, la vie privée et la religion des Orientaux, je fais
des vœux, malgré l'anathème lancé contre elle par M. Schulz,
pour qu'un jour quelque main habile rassemble en un corps
d'ouvrage les textes et les traductions, je ne dis pas de toutes
ces poésies où les mêmes images reviennent à chaque pas, où
il n'est question que de ruisseaux, de myrtes, de jasmins et
de roses, cela est insipide dans toutes les langues; je ne dis
pas de toutes ces poésies mystiques, à sentimens quintes-

senciés, qui n'offrent qu'un vain cliquetis de mots, et dont
les beautés sont si fragiles qu'elles disparaissent aussitôt qu'on
les touche pour leur donner une parure étrangère ; mais de
toutes les poésies qui retracent des événemens historiques, et
dont Moténabby et autres poètes distingués nous présentent
des exemples précieux, de ces poésies mâles, héroïques, sen-
tentieuses, pleines d'une sombre mélancolie, où, pour ainsi
dire, l'ame des Orientaux s'exhale tout entière ; qui peignent
d'une manière si vive l'injustice et le sourire perfide des hommes, les amertumes de la vie, les désastres et la chute des
empires, et le néant de toutes les choses de la terre.

Je ne puis terminer ces réflexions, qui m'ont été suggérées
par le desir que j'ai de voir triompher toujours le bon goût, la
raison et la vérité, sans les résumer toutes en quelques lignes.
Je dirai donc à M. Schulz que la poésie est considérée par tous
les peuples éclairés comme le premier et le plus sublime des
arts, qu'elle fait partie de l'histoire littéraire des peuples chez
qui elle a été cultivée, aussi-bien que les écrits de leurs historiens et de leurs philosophes, et qu'elle mérite nos respects et
nos hommages lorsqu'elle n'a point oublié sa destination pri-
mitive. Je lui dirai que chez les Arabes et les Persans elle a été
portée au plus haut degré de perfection qu'elle pouvait atteindre;
que la plupart de leurs souverains l'ont encouragée de tous leurs
efforts; que leurs historiens et leurs philosophes les plus graves
l'ont idolâtrée et en ont fait l'objet d'une étude longue et sérieuse;
que chez les Arabes surtout elle a trois caractères distinctifs, la
force, la noblesse, l'originalité. C'est chez les Arabes qu'elle
est vraiment nationale ; point d'emprunt à d'autres peuples,
point d'imitation, point de modèle. Consacrée presque toujours
aux récits des événemens historiques et des actions généreuses,
elle enflamme le cœur et porte au grand; elle est riche en
souvenirs précieux pour les Arabes, et en faits intéressans
pour le savant qui se pique de connaître leur histoire. Il est
donc utile et important que parmi les Européens instruits dans
les langues orientales il y en ait qui tournent leurs regards
vers les monumens les plus antiques et les plus vénérables de

la poésie des Arabes et des Persans; et il est juste que ceux qui veulent bien se charger du soin de nous les faire connaître, ne soient pas incessamment en butte aux critiques amères et irréfléchies de ceux qui les méprisent. J'engage M. Schulz à étudier la belle poésie orientale; alors il saura faire des distinctions, et il ne confondra plus les moallacats, les poëmes de Moténabby, les ghazels de Hâfiz, avec de *flexibles hyacinthes et des roses que le zéphyr entr'ouvre.* Je l'engage à se rappeler que, d'un bout de l'Europe à l'autre, Catulle et Horace sont regardés encore aujourd'hui comme de grands poètes par les hommes les plus éclairés; à se rappeler que l'un et l'autre, mais le second principalement, outre le plaisir qu'ils nous causent, nous instruisent des mœurs, du goût, de l'esprit des Romains de leur siècle; à se rappeler que les éditeurs et traducteurs de Catulle et d'Horace ont rendu de vrais services à la littérature romaine, et par le sens qu'ils nous ont donné de ces poètes, et par leurs recherches qui nous éclairent. Je l'engage, lorsqu'il doit parler d'un historien arabe ou persan, à s'attacher uniquement à nous le bien faire connaître, et à ne point se détourner de sa route pour aller mal à propos chercher querelle aux auteurs des moallacats, à Moténabby, à Hâfiz qui ne lui ont rien fait, et à leurs éditeurs et traducteurs qui ne le connaissent pas. Je l'engage à ne point donner son opinion pour celle du public, et surtout à ne le point faire prononcer entre la prose d'Ibn Khaldoun et les rimes des moallacats, de Moténabby et de Hâfiz, parce que le public ne sait pas et ne saura jamais ce que c'est que la prose de l'un et les rimes des autres. Je l'engage à ne point dénigrer des travaux estimables, mais qui ne sont point de son goût, pour relever les siens et leur donner plus d'importance. Je l'engage à considérer plutôt ce que contient un livre que ce qu'il aurait dû contenir, et à bien songer qu'il n'est livre si mince et si frivole en apparence, qui ne renferme quelque chose d'utile et dont on ne puisse tirer quelque profit. Enfin j'engage M. Schulz à demeurer bien convaincu qu'un poëme, de quelque pays qu'il vienne, en quelque langue qu'il soit écrit, fût-ce même

dans celle des Hottentots ou des Algonquins, s'il porte l'em-
preinte de l'ame et du génie d'un peuple, s'il abonde en belles
images, en nobles pensées, en sentimens généreux qui échauf-
fent le cœur, est aussi digne assurément d'attirer l'attention des
hommes instruits et éclairés, qu'une inscription et une figure
hiéroglyphique, et que le récit d'un événement obscur arrivé il y
a deux ou trois mille ans dans un coin de l'Afrique ou de l'Asie.

« Ah ! monsieur, me dira peut-être M. Schulz, vos discours
» m'étonnent. Non, je le vois, vous n'avez pas saisi le sens et
» le but de mon écrit; vous prenez les choses trop à la lettre.
» Remarquez, je ne m'exprime qu'en termes généraux; je ne
» désigne personne, ni n'attaque personne ; je sais faire des dis-
» tinctions. Vous ne m'avez pas compris ; ce n'est pas vous que
» j'ai eu en vue, ni monsieur.... » J'entends ; bientôt tous les
éditeurs et traducteurs de poésies arabes et persanes, pris sépa-
ment, auront trouvé grace aux yeux de M. Schulz. Voici ma
réponse. D'abord j'ai tout saisi, tout compris. On sait que le
nombre des personnes qui impriment des textes et des traductions de poésies arabes et persanes est très-petit en Europe.
Mettons-le à dix, à quinze, à vingt même, s'il le faut. Or, atta-
quer avec l'arme de l'ironie, et cela sans raison, sans néces-
sité, de gaîté de cœur, quelques personnes qui font partie
d'une société si peu considérable, n'est-ce pas vouloir que les
autres membres se ressentent des coups dirigés contre leurs
collègues ? J'ai pensé qu'il était de mon devoir de prendre la
défense de la société à laquelle je me glorifie d'appartenir. Ma
tâche est remplie ; je n'ai plus rien à dire.

www.ingramcontent.com/pod-product-compliance
Ingram Content Group UK Ltd.
Pitfield, Milton Keynes, MK11 3LW, UK
UKHW022344170726
13837UKWH00005BA/2402